LILY D PUBLISHING

Publicado por Lily D Publishing

Miami, Florida, Estados Unidos

www.LilyDPublishing.com

Para permisos, colaboraciones, solicitudes para conferencias, consultas de medios o pedidos al por mayor, por favor contacta a:

Lily D Publishing

Correo electrónico: lilydpublishing@gmail.com

Impreso en los Estados Unidos de América

ISBN (Edición impresa): 979-8-9940670-4-8

ISBN (Edición de cubierta rígida): 979-8-9940670-5-5

ISBN (Edición digital): 979-8-9940670-3-1

Diseño de portada: Lily D Publishing

Diseño interior: Lily D Publishing

LA MENTALIDAD HIPOTECARIA

UN LIBRO DE HIPOTECAS CON EL MÉTODO SPEAKS HUMAN™ CLARO, HUMANO Y SIN ENREDOS

LILY DOMINGUEZ

LILY D PUBLISHING

A mis hijos, Andresito y Alejandro; amores de mi vida, mi mayor alegría, mi propósito y la razón detrás de todo lo que hago. Son mi corazón caminando fuera de mi cuerpo, el recordatorio de que cada reto vale la pena y que cada victoria es más dulce cuando la comparto con ustedes.

A Michel, quien me recuerda todos los días que tengo lo necesario para triunfar; que estoy lista, que soy capaz y que estoy hecha para cosas grandes. Tu apoyo constante ha sido la fuerza silenciosa detrás de cada página.

A mi madre, la primera escritora de nuestra familia; gracias por transmitirme tu amor por las palabras y la creatividad.

Y a mis queridos amigos, clientes y colegas, gracias por compartir sus historias, su confianza y sus sueños.

Cada uno dejó huellas en estas páginas e inspiró las lecciones que viven dentro de ellas.

NOTA DE LA AUTORA

Si tienes este libro en tus manos, probablemente estás pensando en comprar una casa o tal vez ya la compraste y ahora te preguntas:

"¿Qué fue exactamente lo que acabó de pasar?"

Sea cual sea tu caso, estás en el lugar correcto.

Mis clientes siempre me dicen lo mismo:

"¿Por qué nadie explica esto con palabras normales?"

Así que decidí hacerlo yo.

Escribí este libro de la misma forma en que hablo con mis clientes:con honestidad, empatía, un poco de humor y cero crítica. Porque la verdad es que comprar una casa no se trata solo de tasas de interés y papeleo. Se trata de emociones, estabilidad, sueños, estrés, ilusión, miedo. Y sí… también de dinero.

Este libro es un espacio seguro para aprender, para sonreír y para entender por fin el mundo hipotecario sin sentirte perdido ni incómodo. No se supone que ya sepas todo esto.

Por eso estoy aquí. Prepárate un café. Ponte cómodo.

Vamos a aprender juntos.

— Lily

* * *

INTRODUCCIÓN

LA ESENCIA DE LA MENTALIDAD HIPOTECARIA

Déjame contarte un secreto: la mayoría de las personas no compran una casa… simplemente sobreviven el proceso.

Entran al mundo hipotecario con confianza y, en algún punto entre:

"Envíame tus documentos" y "Felicidades, estás listo para cerrar" pierden la calma, el control y la claridad. ¿Y sabes qué? No es su culpa.

El mundo hipotecario puede sentirse como un laberinto diseñado por personas que asumen que ya conoces las reglas.

Escribí este libro porque he visto clientes romper en llanto por la confusión… y luego iluminarse de alivio cuando por fin todo se explica en palabras simples.

He visto personas tomar decisiones financieras brillantes y a otras quedar atrapadas solo porque nadie se tomó el tiempo de educarlas.

Te mereces algo mejor. Te mereces una guía que te hable como a una persona real, no como a una hoja de cálculo. Te mereces entender el *por qué*, no solo el *qué*. Y te mereces una experiencia de compra de vivienda que se sienta con poder, no bajo presión.

Para hacer este camino más simple, te guío usando algo que llamo El Sistema Speaks Human™: un enfoque de comunicación que creé para convertir conceptos hipotecarios complejos en un lenguaje claro, empático y humano. Verás este enfoque a lo largo de todo el libro, integrado de forma natural en cada explicación y ejemplo. Mi objetivo no es solo enseñarte sobre hipotecas - es cambiar por completo tu mentalidad sobre el dinero, la vivienda y la construcción de riqueza a largo plazo. Cuando entiendes cómo funciona realmente este mundo, tomas mejores decisiones. Entras al proceso como alguien que sabe exactamente lo que está haciendo.

Y lo harás!

Al llegar al último capítulo, tendrás una confianza que la mayoría de las personas nunca alcanzan.

Y te la habrás ganado, paso a paso.

CÓMO USAR ESTE LIBRO

Este libro está pensado para leerse como tú lo necesites:

Si estás empezando:

Empieza por el Capítulo 1. La base de mentalidad hará que todo lo demás se sienta mucho más sencillo.

* * *

Si ya sabes que vas a comprar pronto: Salta a los capítulos sobre preaprobación, búsqueda de casa, ofertas y cierre.

* * *

Si quieres construir o proteger tu patrimonio:

Ve directo al Capítulo 11. Ahí vive la estrategia de largo plazo.

* * *

Si te sientes abrumado: Lee un capítulo a la vez. Cada uno es corto, claro y está diseñado para reducir el estrés, no para sumarlo.

* * *

Si tienes un highlighter: Úsalo (mucho)

* * *

Si tienes dudas sobre algún concepto que menciono, no olvides buscar en el glosario, al final del libro. Ahí encontrarás las definiciones.

* * *

Si estás leyendo esto con una copa de vino… sinceramente, esa es una excelente forma de hacerlo.

* * *

Y lo más importante:

Este libro no es tarea. Es tu guía, tu coach y tu compañero de *"por fin alguien me lo explica"*. Léelo de principio a fin, salta entre capítulos o vuelve a ellos cuando tu vida cambie; cada vez entenderás el mundo hipotecario con más claridad.

— Lily

* * *

CONTENIDO

CAPÍTULO 1

LA MENTALIDAD ES IMPORTANTE: EL VERDADERO INICIO DEL CAMINO PARA COMPRAR CASA

La Mentalidad del Comprador: El Punto de Partida

Vamos a empezar con algo que nadie te dice pero que todo el mundo debería saber:

Comprar una casa no es solo una decisión financiera , también es una decisión emocional.

Y si tu mente no está donde tiene que estar, ni la preaprobación más fuerte te salva del torbellino de estrés.

Tú sabes exactamente de qué hablo.

Un minuto estás emocionado, mirando casas y soñando con tu cocina perfecta… y al siguiente estás en Google a las 2 a.m. buscando:

"¿Puedo comprar casa si he cenado arroz con huevo frito tres noches seguidas?"

No te preocupes, eso no es lo que vamos a hacer en este libro.

Este capítulo existe para ayudarte a poner tu mente en el lugar correcto, para que el resto del proceso se sienta manejable y hasta agradable.

Porque aquí va la verdad verdadera:

Un comprador calmado y seguro toma mejores decisiones, maneja las sorpresas como toda un campeón, y hasta se acuerda de respirar durante el proceso.

Por Qué la Mentalidad Importa

Después de ayudar a cientos de compradores, siempre veo el mismo patrón:

Una persona que cree que puede… lo logra.

La persona que llega aterrada, avergonzada por sus finanzas o sintiéndose "no listo"… se queda estancada.

Y aquí te va lo que nadie te dice:

No necesitas crédito perfecto.

No necesitas tener un ahorro gigante.

No necesitas tener tu vida completamente en orden.

Lo que necesitas es una mentalidad clara y la disposición de aprender.

Eso es este libro. No es una clase aburrida, no es un examen de matemáticas, no es un diccionario de palabras raras de prestamistas.

Es tu guía tranquila, clara y explicada en lenguaje humano.

El Miedo Del Que Nadie Habla

Hablando claro:

El dinero mueve emociones.

Trae recuerdos, hábitos viejos, inseguridades y esa vocecita interna que pregunta:

"¿Segura que estás listo para esto?"

A veces esa voz es fuerte. A veces tiene un punto. Y a veces esa voz solo está haciendo una novela dramática.

Pero cuando entiendes cómo funciona este proceso de verdad el miedo se encoge.

La confianza crece. Y la información se convierte en poder, no en pánico.

A lo largo de este libro voy a seguir con ese mismo estilo *Speaks Human*™ para que todo se sienta claro, digerible y sin estrés.

Esa es la energía que quiero que tengas: tranquilo, informado, y sin miedo a preguntar.

El Cambio de Mentalidad

Aquí va el cambio que vamos a hacer juntos:

De: "No sé nada de hipotecas."

A: "Sé lo suficiente para tomar decisiones inteligentes."

De: "Seguro meto la pata."

A: "Estoy preparado, acompañado y capaz."

De: "Esto es demasiado."

A: "Puedo con esto; un paso a la vez."

Y, yo voy contigo en cada paso. No estás solo en este proceso.

Lo Que Te Vas a Llevar De Este Capítulo (y De Este Libro)

Cuando lleguemos al final de este capítulo ; y del libro entero, vas a sentirte:

- más seguro
- más informado
- más preparado
- y muchísimo menos estresado

Vas a entender el mundo hipotecario de una manera humana; no como si alguien te leyera el código completo del IRS.

Vas a tener claridad. Vas a tener paz mental. Y vas a tener herramientas reales para tomar decisiones basadas en hechos, no en miedo.

Porque la verdad es esta:

Tú no solo necesitas información; necesitas una mentalidad que acompañe tus metas.

Y esa mentalidad empieza aquí.

* * *

CAPÍTULO 2

LISTO, PREPARADO, COMPRA: CÓMO ESTAR REALMENTE LISTO

Hablemos de eso que todo el mundo llama *"estar listo"*.

La mayoría cree que estar listo para comprar casa significa tener crédito perfecto, cero deudas y $50,000 guardados en una cuenta de ahorros como si fueran una planta decorativa.

A decir verdad:

Casi nadie que compra su primera casa se ve así.

Estar listo no se trata de perfección; se trata de entender tu situación y saber cuál es el siguiente paso correcto.

No necesitas un currículum financiero impecable.

Necesitas claridad.

Paso 1: Conoce tu "por qué"

Antes de deslizar Zillow hasta que te duela el dedo, pregúntate:

- ¿Por qué quiero comprar realmente?
- ¿Qué problema estoy tratando de resolver?
- ¿Qué me daría una casa que no tengo ahora?

Tal vez necesitas más espacio.

Tal vez la renta te volvió a subir.

Tal vez ya estás cansado de escuchar al vecino de arriba pasar la aspiradora a las 11 de la noche.

Tu "por qué" es lo que te mantiene con los pies en la tierra cuando las emociones aparecen; y créeme, van a aparecer.

✨ Paso 2: Conoce tus números (con calma)

Este no es el momento de entrar en pánico ni de juzgarte.

Simplemente necesitas saber:

- Cuánto ganas
- Cuáles son tus gastos mensuales
- Cuánta deuda tienes
- Con qué pago te sentirías cómodo
- Cuál sería un enganche realista para ti

Sin vergüenza.

Sin estrés.

Solo hechos.

✨ Paso 3: Empieza a reunir tus documentos

Comprar una casa requiere papeles. Muchos papeles.

Hazte la idea que vas a cocinar: primero reúnes los ingredientes. Cuando ya tienes todo listo, la receta (tu hipoteca) sale mucho mejor.

✨ Paso 4: Arma tu equipo

No tienes que hacer esto solo.

Necesitas:

- Un lender en quien confíes (hola 👋)
- Un realtor que de verdad escuche
- Y personas a tu alrededor que quieran verte avanzar — no asustarte

El equipo correcto cambia completamente la experiencia.

✨ Paso 5: Prepárate emocionalmente

Comprar una casa es emocionante… pero también viene con dudas, miedos y muchas búsquedas en Google.

La buena noticia es que, con la mentalidad correcta y la guía adecuada, vas a manejar todo esto con mucha más seguridad de la que hoy imaginas.

EL método SPEAKS HUMAN™

Claridad • Empatía • Confianza

Claridad: para que entiendas qué está pasando, sin palabras técnicas innecesarias.

Empatía: porque el dinero es emocional y las hipotecas pueden ser estresantes.

Confianza: para que tomes decisiones firmes e informadas en cada paso.

Un enfoque simple para que el mundo hipotecario se sienta humano.

* * *

CAPÍTULO 3

CONFIANZA CREDITICIA: ENTIENDE TU PUNTAJE SIN ESTRÉS

Hablemos del crédito (sin estrés)

Vamos a bajar esto a tierra, sin drama:

Tu puntaje de crédito NO es una evaluación moral.

No eres una persona "buena" o "mala" por un número.

Eres humano.

Y los humanos pedimos prestado, a veces pagamos tarde, y muchas veces se nos olvida que una suscripción existe.

No hay problema, solo soluciones.

Qué Miran Realmente los Lenders

Un lender ve tu crédito igual que un propietario arrendador ve referencias:

no para juzgarte, sino para entender cómo manejas el dinero.

Esto es lo que de verdad importa:

- Historial de pagos
- Uso de tarjetas de crédito
- Antigüedad del crédito
- Tipos de crédito
- Cuentas nuevas

Sin acertijos. Sin poner barreras innecesarias. Solo criterios claros.

✨ La "magia" del uso del crédito

Esta sola regla puede subir tu puntaje más de lo que imaginas:

👉 **Usa menos del 30% de tu límite de crédito.**

¿Debajo del 10%? *Excelente.*

Incluso un pequeño cargo que te pase del límite puede bajar tu puntaje más de lo que esperas; no porque seas irresponsable, sino porque el algoritmo es… dramático.

✨ Colecciones y errores

¿Has tenido colecciones, pagos tarde o momentos de "ups"?

Totalmente normal.

La mayoría de los compradores tiene algo en su historial.

Tu trabajo ahora no es castigarte, es entender tu reporte y hacer un plan.

Construyendo confianza

El crédito no se trata de perfección. Se trata de dirección.

Si estás mejorando; aunque sea poco a poco; eso ya es progreso. Y a los prestamistas les encanta ver progreso.

Mis clientes siempre llegan preocupados por su crédito.

Luego lo revisamos juntos, armamos un plan, y de repente dicen:

"Espera… esto no era tan aterrador como pensaba."

Exacto!

No necesitas crédito perfecto para comprar una casa.

Solo necesitas claridad e impulso.

* * *

CAPÍTULO 4

AHORRAR CON ESTRATEGIA: PREPARARTE SIN ENTRAR EN PÁNICO

Hablemos de dinero; de manera simple.

Porque sé que en cuanto alguien dice “dinero de entrada” , enganche o down payment, los hombros se tensan.

Pero ahorrar para comprar casa no tiene que ser estresante ni restrictivo. Solo se necesita un plan.

Lo que realmente necesitas ahorrar

Sorpresa!

No necesitas el 20%.

Ni siquiera necesitas el 10%.

Muchos compradores califican con:

- 3% de entrada
- 3.5% (FHA)

- 0% incluso (con fondos de regalo)

Ahorrar de forma inteligente no es perseguir un número al azar que alguien gritó en TikTok.

Es entender cuánto necesitas de verdad, según tu situación real.

✨ Tipos de ahorros

Piensa en tus ahorros como si fueran cajas:

- Gastos de mudanza
- Inspección y tasación de la propiedad+
- Entrada(down payment)
- Costos de cierre
- Para emergencia

No necesitas que todas las cajas estén llenas hasta arriba. Solo necesitas lo suficiente para sentirte respaldado.

✨ Dónde la mayoría se bloquea

Intentan hacerlo todo al mismo tiempo.

Pero tú no. Tú vas a priorizar y mover una pieza a la vez. Los ahorros crecen con constancia, no con estrés.

✨ Lo que más importa: el impulso

Ahorrar no se trata de qué tan rápido avanzas. Se trata de la dirección.

Incluso $100 al mes te acercan más a tu meta que $0. Los hábitos pequeños se convierten en grandes resultados.

Este capítulo está aquí para ayudarte a soltar la culpa y empezar a ahorrar con intención, sin sacrificar tu paz mental.

* * *

CAPÍTULO 5

CÓMO ELEGIR EL PRÉSTAMO QUE VA CONTIGO

Elegir un préstamo no es solo una decisión financiera; es casi una prueba de personalidad.

Cada préstamo tiene su propia *vibra*, y el correcto depende de tus metas, tu presupuesto y la etapa de la vida en la que estás.

Este capítulo te ayuda a entender los tipos de préstamo más comunes para que puedas elegir el que mejor encaje contigo… y con tu *"yo" del futuro*.

Hazte la idea que es como un menú de un restaurante. Y yo soy esa amiga que te susurra qué significa realmente cada cosa para que no te lleves sorpresas después cuando te traigan el plato.

Préstamos Convencionales: la opción clásica

Los préstamos convencionales son del tipo *responsable, constante, cumple con lo suyo.*

No son llamativos, pero son sólidos y funcionan muy bien para compradores con buen crédito e ingresos estables.

Es una buena opción para ti si:

- Tienes buen crédito
- Planeas dar al menos 5% de entrada
- Quieres tasas competitivas
- Te gusta la flexibilidad

Por qué a la gente le encantan:

El PMI (seguro hipotecario privado) puede desaparecer cuando alcanzas 20% de capital en la propiedad.

Eso significa que tu pago puede bajar con el tiempo; y eso siempre es una victoria.

Préstamos FHA: el amigo que te apoya

(Administración Federal de Vivienda)

Los préstamos FHA son como ese amigo que te dice: *"Tranquilo, yo te cubro."*

Están diseñados para compradores que todavía están construyendo crédito o necesitan un camino más flexible hacia la compra de su casa.

Es una buena opción para ti si:

- Tu crédito es más bajo
- Quieres dar 3.5% de entrada
- Necesitas guías más flexibles
- Quieres un proceso de aprobación más accesible

Por qué muchos eligen FHA:

Abre puertas que de otra forma podrían quedarse cerradas; especialmente para compradores por primera vez.

Ojo con esto:

En la mayoría de los casos, FHA tiene MIP(Prima del Seguro Hipotecario) de por vida.

Eso significa que el seguro hipotecario no se elimina a menos que refinancies más adelante.

Préstamos VA: el mejor préstamo del país (si calificas)

(Veterans Affairs)

Si eres veterano, miembro activo de las fuerzas armadas o cónyuge elegible; el préstamo VA es un regalo.

Y lo digo en serio.

Es una excelente opción para ti si:

- Calificas por servicio militar
- Quieres cero entrada

- Te gustan las tasas bajas
- No quieres seguro hipotecario mensual

Este préstamo puede ahorrarte decenas de miles de dólares con el tiempo.

Si calificas, casi siempre es tu mejor opción.

Préstamos USDA: para quienes sueñan con espacio y tranquilidad

(Departamento de Agricultura de EE. UU.)

El préstamo USDA es para compradores que quieren esa vida tranquila de *"aquí se escuchan grillos"*.

Es un programa basado en ubicación, con beneficios de cero de entrada para zonas rurales y suburbanas.

Es una buena opción para ti si:

- Estás considerando una zona elegible USDA
- Quieres 0% de entrada
- Te atraen los costos iniciales más bajos

Estos préstamos tienen límites de ingresos y requisitos de ubicación, así que no todas las casas califican, pero es una joya escondida que vale la pena revisar.

Préstamos Jumbo: para casas de mayor precio

Los préstamos jumbo cubren propiedades que superan los límites tradicionales de préstamo.

Son como la sección VIP; mismas hipotecas, solo con números más grandes.

Es una buena opción para ti si:

- Estás comprando por encima del límite convencional
- Tienes crédito fuerte
- Tus ingresos soportan un pago más alto
- Prefieres un solo préstamo grande en vez de combinar financiamientos

Las tasas pueden variar, pero este producto hace que las casas de alto valor sean más accesibles de lo que muchos imaginan.

Préstamos ITIN

Uno de los programas más poderosos que existen.

Estos préstamos están diseñados para compradores que no tienen número de Seguro Social, pero sí un ITIN y declaran impuestos con él.

Si vives aquí, trabajas aquí, pagas impuestos aquí y quieres comprar casa; un préstamo ITIN te da esa oportunidad.

Normalmente requieren una entrada mayor (10–20%), pero hacen posible la compra para personas a las que muchas veces les dicen "no", cuando la respuesta correcta debería ser:

"Sí, con el préstamo adecuado."

Préstamos para Extranjeros (Foreign National)

Este programa es para personas que no residen en EE. UU. pero quieren comprar propiedad aquí; generalmente como inversión, casa de vacaciones o uso parcial.

No necesitas crédito en EE. UU. ni número de Seguro Social.

Los prestamistas evalúan ingresos internacionales, cartas bancarias y tienen una entrada más alta (usualmente 20–30%).

En pocas palabras:

Sí, puedes comprar una propiedad aquí aunque vivas en otro país.

Hipotecas de Tasa Ajustable (ARM): estrategia, no apuesta

Un ARM no es algo que debas temer; es una herramienta de planificación.

Empiezas con una tasa fija más baja por un periodo determinado (5, 7 o 10 años), y después la tasa puede ajustarse.

Es una buena opción para ti si:

- Planeas mudarte antes del ajuste
- Vas a remodelar y refinanciar después
- Quieres un pago inicial más bajo
- Entiendes bien los plazos

Los ARM son estrategia. Bien utilizados, pueden ahorrarte mucho dinero al inicio.

Préstamos de Solo Intereses: no para todos, pero poderosos para el comprador correcto

Estos préstamos te permiten pagar solo los intereses durante un periodo determinado.

Mantienen el pago bajo al principio; pero requieren disciplina.

Es una buena opción para ti si:

- Quieres maximizar tu flujo de efectivo
- Estás comprando una propiedad a corto plazo
- Sabes que tus ingresos van a aumentar
- Eres un inversionista estratégico

No son para compradores por primera vez, pero en las manos correctas… son muy poderosos.

Cómo elegir el préstamo que va CONTIGO

Aquí va la verdad:

No existe el "mejor" préstamo; solo existe el mejor préstamo para tu situación.

Pregúntate:

- ¿Cuál es mi plan a largo plazo con esta casa?

- ¿Cuánto tiempo pienso quedarme?
- ¿Con qué pago me siento cómodo?
- ¿Necesito flexibilidad o estructura?
- ¿Estoy priorizando el pago más bajo, la tasa más baja o la menor entrada?

Tu préstamo es parte de tu estrategia de vida; no solo un producto financiero.

El cambio de mentalidad

Elegir un préstamo se trata de alineación; no de perfección.

No estás buscando el préstamo que impresione o suene elegante.

Estás buscando el que apoye tus metas, proteja tu presupuesto y te acerque a la vida que quieres.

Cuando eliges un préstamo de forma intencional, todo el proceso de compra se siente más fluido y mucho menos agobiante.

¿Y sabes qué?

Ya vas adelante de la mayoría de los compradores; porque ahora entiendes las opciones con claridad.

* * *

CAPÍTULO 6

LA JUGADA CLAVE DE LA PREAPROBACIÓN

La preaprobación: donde la idea se vuelve realidad

Usando el mismo **Speaks Human System™**, aquí va la versión simple de cómo funciona esto…

Obtener una preaprobación no es solo papeleo; es tu jugada estratégica.

Es la diferencia entre *"estoy pensando en comprar casa"* y *"estoy listo"*.

Y créeme: los vendedores y los realtors sienten la diferencia.

La preaprobación te da claridad, confianza y ventaja.

Le dice al mundo: *"Estoy preparado, voy en serio y conozco mis números."*

Sin ella, básicamente estás comprando a ciegas.

Qué significa realmente estar preaprobado

Una preaprobación es cuando un prestamista revisa tu vida financiera y dice:

"Con base en lo que vemos hoy, nos sentimos cómodos prestándote hasta esta cantidad."

No es una garantía; nada es final hasta pasar por *under-writing*; pero es lo más cerca que puedes estar antes de firmar un contrato.

También es la diferencia entre que te tomen en serio y que te traten como otro *"a lo mejor si, a lo mejor no"*.

Por qué importa más de lo que crees

La preaprobación te da claridad sobre tu realidad y te refuerza la confianza, todo en un solo paso.

Cuando ves tus números, se acaba la adivinanza.

Dejas de preguntarte y empiezas a saber:

- qué puedes pagar cómodamente
- qué encaja con tu estilo de vida
- qué rango de precio te prepara para el éxito, no para el estrés

También te da velocidad. Cuando encuentras *la casa*, puedes hacer una oferta de inmediato, en vez de correr a buscar documentos mientras otra persona se queda con la propiedad.

La preaprobación es entrar al proceso con los pies bien plantados en el suelo, no de puntitas.

Los documentos que vas a necesitar

(los compradores SIEMPRE le sacan screenshot a esta parte)

- Declaraciones de impuestos de los últimos 2 años
- W-2 o 1099 de los últimos 2 años
- Talones de pago recientes
- Estados de cuenta bancarios
- Identificación con foto, como licencia de conducir
- Documentos que muestren ingresos adicionales

(pensión, seguro social, manutención, pensión alimenticia, 401(k), etc.)

Precalificación vs. Preaprobación

Estos dos conceptos se confunden todo el tiempo; y la diferencia es importante.

La precalificación se basa en lo que tú le dices al prestamista, no en lo que demuestras. Es rápida y conveniente, pero no es confiable. La pre aprobación se basa en documentos reales. Está verificada, es sólida y es lo único que los vendedores quieren ver.

Piénsalo así:

La precalificación es como buscar síntomas en Google. La preaprobación es ir al médico de verdad.

Una te da ideas.

La otra te da respuestas.

La cantidad aprobada vs. Tu cantidad cómoda

Que un prestamista diga que calificas para cierta cantidad

no significa que ese número funcione en tu vida real. Tu presupuesto verdadero viene de cómo te sientes al imaginar el pago, no del máximo que te aprueban.

Pregúntate:

"¿Este pago se siente cómodo?

¿O se siente como que voy a vivir a base de arroz y frijoles por un buen tiempo?"

Quieres espacio para respirar. Quieres disfrutar. Quieres una casa que se sienta bien, no una que te quite el sueño.

Lo que NO debes hacer durante la preaprobación

- No abras crédito nuevo
- No financies un carro
- No hagas depósitos grandes sin explicar
- No cambies de trabajo sin hablar antes con tu prestamista
- No lleves tus tarjetas al límite

- No firmes como codeudor de nada

Cuánto tiempo dura una preaprobación

La mayoría de las preaprobaciones duran entre 60 y 90 días.

Si ese plazo se vence antes de encontrar la casa correcta, renovarla es sencillo. Actualizamos documentos, revisamos cambios y seguimos adelante. Esto no es una carrera; es un proceso.

Por qué las tasas de interés pueden cambiar?

La tasa de interés que ves en tu preaprobación no es la tasa garantizada. Las tasas cambian a diario; a veces incluso por hora; según el mercado. Eso no significa que algo esté mal. Así funcionan las hipotecas. La tasa de interés se bloquea cuando estás bajo contrato, no durante la preaprobación.

El cambio de mentalidad

La preaprobación no se trata de limitaciones, se trata de claridad. Cuando conoces tus números reales, todo se vuelve más fácil. Entras a las visitas con seguridad, no con duda. Haces ofertas sin cuestionarte cada paso. Sabes qué encaja con tu vida y qué no.

La preaprobación es el momento en que tu sueño se convierte en un plan, y ese plan se convierte en un hogar.

* * *

CAPÍTULO 7

DE MIRAR A COMPRAR: BUSCAR CASA SIN PERDER LA CABEZA

Buscar casa: emoción, realidad y un poco de caos

Seamos honestos: buscar casa es divertido… hasta que deja de serlo.

Un día estás diciendo:

"¡Wow, esta tiene piscina!"

Y al siguiente:

"¿Por qué estas casas son o perfectas… o aterradoras?"

Bienvenido a la montaña rusa emocional de la búsqueda de casa.

Pero tranquilo; estoy aquí para ayudarte a recorrerla sin marearte.

Paso 1: Ten claros tus no negociables

Antes de entrar a ver la primera casa, escribe esto:

- Imprescindibles (MUST haves)
- Deseables (NICE to haves)
- Rotundos no (ABSOLUTAMENTE NO)

Esto te mantiene con los pies en la tierra. No vas a "acabar" comprando una casa solo porque las lámparas estaban bonitas.

Paso 2: Mira más allá de lo bonito

Las cocinas lindas son geniales.

Pero presta atención a:

- Edad del techo
- Edad del aire acondicionado
- Sistema eléctrico
- Plomería
- Estructura
- Tendencias del vecindario

Estas son las cosas que te ahorran dinero más adelante.

Paso 3: No dejes que un "no" te desanime

A veces la casa que te encanta la compra primero otra persona. O la inspección revela que en esa casa viven termitas que parecen tener su propia hipoteca. Eso a veces pasa. En bienes raíces, el rechazo muchas veces es redirección.

Tu casa está ahí afuera; deja ir las que no son para ti.

Paso 4: Mantén en equilibrio el corazón y los números

Tu corazón se va a enamorar. Y tu calculadora te va a tocar el hombro como diciendo:

"Hola. Solo vengo a recordarte que el HOA es de $700."

Las dos cosas importan. Queremos corazón + números, no uno sin el otro.

* * *

CAPÍTULO 8

DE LA OFERTA A LAS LLAVES: EL MARATÓN EMOCIONAL

Hacer una oferta por una casa es el momento en que todo empieza a sentirse real.

Hasta ahora ha sido soñar, revisar, comparar, imaginar… Pero cuando escribes esa oferta, ya estás en el juego.

Este capítulo te guía desde el instante en que dices *"Hagamos una oferta"* hasta el momento en que estás parado en tu nueva casa con las llaves en la mano.

Sin estrés. Sin confusión. Con un camino claro.

Paso 1: Escribir la oferta

Tu realtor te ayudará a estructurar la oferta, pero esto es lo que de verdad importa:

- El precio que estás ofreciendo
- Tu depósito en garantía (earnest money)

- El plazo de cierre
- Las contingencias que solicitas

Cada uno de estos detalles le dice algo al vendedor sobre ti: tu seriedad, tu preparación y tu capacidad para cerrar. Una buena oferta no se trata solo del número más alto.

Se trata de demostrar que eres confiable, que estás listo y que eres el tipo de comprador que no desaparece a mitad del proceso.

Paso 2: La respuesta del vendedor

Una vez que presentas la oferta, el vendedor puede:

1 Aceptarla

2 Hacer una contraoferta

3 Rechazarla

4 Ignorarla por completo (sí, pasa)

La contraoferta es normal. No te lo tomes personal - no es rechazo, es negociación.

Piénsalo como un baile: uno marca el ritmo, el otro responde, y ambos se ajustan hasta que encajan.

Si el vendedor contraoferta, tu realtor te ayudará a responder de forma estratégica, manteniéndote competitivo sin comprometerte de más.

Paso 3: ¡Bajo contrato! ¿Y ahora qué?

Cuando ambas partes aceptan y firman, estás oficialmente *bajo contrato.*

Aquí empieza el trabajo real, pero tranquilo - hay un ritmo.

Los primeros días normalmente incluyen:

- Pagar el depósito en escrow
- Ordenar la inspección
- Ordenar el appraisal
- Finalizar la solicitud del préstamo
- Enviar documentos actualizados a tu prestamista

Puede sentirse como mucho al mismo tiempo, pero se avanza paso a paso.

Y yo estaré aquí explicándote qué significa cada cosa.

Paso 4: La inspección

La inspección es tu oportunidad de conocer la casa más a fondo.

Piénsalo como una primera cita: estás descubriendo lo que hay debajo de la superficie.

El inspector revisa:

- El techo
- La plomería
- El sistema eléctrico

- El sistema de aire (HVAC)
- Los electrodomésticos
- La estructura de la casa
- La condición general

Esto no se trata de perfección. Ninguna casa es perfecta - ni siquiera una de construcción nueva. Se trata de entender qué estás comprando y que puede estar necesitando reparación o negociación.

Paso 5: El appraisal

El appraisal determina el valor de mercado de la propiedad. Protege tanto a ti como al prestamista - nadie quiere pagar de más.

Si el appraisal sale igual o por encima del precio de compra, excelente. Si sale por debajo, hay opciones:

- Renegociar el precio
- Encontrarse a mitad de camino
- Pagar la diferencia si sigues queriendo la casa

Un appraisal bajo es frustrante, pero tiene solución. Siempre hay un camino hacia adelante.

Paso 6: Procesamiento del préstamo y underwriting

Mientras se hacen la inspección y el appraisal, tu prestamista trabaja detrás del telón. El procesador del préstamo reúne y organiza tus documentos. El equipo de *underwriting* revisa todo para asegurarse de que el préstamo cumple con las guías. Esta parte puede sentirse lenta o repetitiva.

Puede que te pidan talones de pago actualizados, cartas de explicación o documentación adicional. No es personal. Es normal. Es simplemente cómo se asegura que tu aprobación siga en curso.

Paso 7: Condiciones y Clear to Close

Los *underwriters* casi nunca aprueban un file sin condiciones.

Es normal que pidan cosas como:

- Estados de cuenta actualizados
- Explicaciones sobre depósitos
- Confirmación de empleo
- Documentos de seguro

Cuando todas las condiciones se cumplen, aparecen las palabras mágicas:

Clear to Close.

Esto significa que todo está aprobado, los números están finales y estás a punto de llegar a la meta.

El *Clear to Close* es la luz verde del mundo hipotecario.

Paso 8: Closing Disclosure

Antes del cierre, recibirás tu Closing Disclosure, donde aparecen todos tus números finales:

- Monto del préstamo
- Tasa de interés
- Pago mensual
- Impuestos
- Seguro
- Costos de cierre
- Efectivo necesario para cerrar

Debes recibir este documento al menos tres días antes del cierre - es una regla federal.

Revísalo con calma. Si algo no cuadra, pregunta. Este es el momento de aclarar dudas, no el día del cierre.

Paso 9: Día de cierre

Este es el momento que todos esperan. Firmas documentos, recibes copias, confirmas números finales y, una vez que todo queda registrado… Recibes las llaves.

Aquí es donde el estrés se disuelve y la emoción toma el control. Es el momento hacia el que has estado avanzando desde el Capítulo 1.

Tu nuevo capítulo comienza oficialmente.

El cambio de mentalidad

De la oferta a las llaves, el proceso puede sentirse intenso - pero no está diseñado para sobresaturarte. Cada paso tiene un propósito. Cada momento te acerca más a tu casa. Cuando entiendes el flujo, el estrés baja y la confianza sube.

Comprar una casa no es solo una transacción - es una transición.

Y ahora sabes exactamente cómo dar cada paso.

* * *

CAPÍTULO 9

BIENVENIDO A CASA: QUÉ PASA DESPUÉS DEL CIERRE

Este capítulo existe para que no entres en pánico 48 horas después del cierre pensando:

"¿Por qué mi prestamista me pidió documentos durante tres meses y ahora... nada?"

Bienvenido a la vida como propietario, la parte tranquila.

Tus primeros pagos

Normalmente no pagas el primer mes.

Por ejemplo: si cierras en abril, tu primer pago será el 1 de junio.

Es completamente normal. No necesitas llamar al FBI.

Protege tu casa desde el primer día

Haz estas cosas cuanto antes:

- Solicita el beneficio de vivienda principal (homestead)
- Configura los servicios públicos
- Cambia las cerraduras
- Revisa y cambia los filtros de aire
- Haz una limpieza profunda
- Programa recordatorios de mantenimiento

Son detalles pequeños que ahorran mucho dinero más adelante.

No hagas grandes movimientos financieros todavía

Nada de carros nuevos.

Nada de tarjetas nuevas.

Nada de *"ya soy propietario, voy a celebrar con un sofá de $4,000"*.

Deja que todo se asiente durante 30 a 60 días.

Celebra tu logro

Comprar una casa es un logro importante. Trabajaste para esto. Tómate un momento para respirar y reconocer todo lo que lograste.

Te lo mereces

* * *

CAPÍTULO 10

HÁBITOS DEL PROPIETARIO: MANTÉN TU CASA Y TUS FINANZAS SALUDABLES

Ser propietario de una casa no es la línea de llegada; es el inicio de un capítulo completamente nuevo. Y no tiene por qué ser estresante.

Así como cuidas tu salud, tu casa también necesita un pequeño *check-up* de vez en cuando.

Hábito 1: Lleva control de tu capital

Una vez al año, tómate unos minutos para revisar:

- El saldo de tu préstamo
- El valor actual de tu casa
- Tu capital acumulado

Te vas a sorprender de lo rápido que crece.

Hábito 2: Mantén, revisa y vuelve a mantener

Las cosas pequeñas se convierten en problemas grandes cuando se ignoran.

Haz estas revisiones con regularidad:

- Cambio de filtros del aire acondicionado
- Revisión del techo
- Revisión de plomería
- Inspecciones de termitas

Un filtro de $40 puede evitar una reparación de $3,000.

Hábito 3: Revisa tu seguro

Una vez al año, llama a tu aseguradora y pregunta:

"¿Estoy pagando de más?"

Te sorprendería cuántas personas ahorran cientos de dólares con una revisión rápida.

Hábito 4: Revisa tus metas

Tu casa debería evolucionar contigo.

Pregúntate:

- ¿Quiero refinanciar?
- ¿Quiero invertir?

- ¿Quiero remodelar?
- ¿Quiero mudarme?

Cuanto mejores sean tus hábitos, más sólido será tu futuro financiero.

* * *

CAPÍTULO 11

REFINANCIAR, RENOVAR Y EL VALOR DE TU CASA: TUS HERRAMIENTAS DE RIQUEZA

Tu casa viene con una superpotencia secreta: el capital.

Crece en silencio, en segundo plano; como una cuenta de ahorros a la que no tienes que acordarte de transferir dinero.

Un día revisas el valor de tu casa y de repente piensas:

"Espera… ¿mi casa estuvo trabajando horas extra mientras yo dormía?"

Sí. Sí lo estuvo.

Bienvenido al *crecimiento* financiero del que nadie te avisó.

Este capítulo te muestra cómo usar ese capital con inteligencia, sin convertir tu casa en un cajero automático ni protagonizar el próximo episodio de *Desastres Financieros: Edición Remodelación*.

El capital de tu casa: el dinero que construiste sin darte cuenta

Tu capital es simplemente la diferencia entre el valor de tu casa y el saldo de tu préstamo. A veces crece porque has ido pagando la hipoteca. A veces crece porque el mercado está de buen humor. A veces crece porque tu vecino remodeló su cocina y, de pronto, todas las casas valen más.

Sea cual sea la razón, el capital es riqueza real.

Y tú decides cómo usarla.

Refinanciar: el botón de "reiniciar" para adultos

Refinanciar es básicamente tu hipoteca preguntándote:

"¿Quieres intentar esto otra vez, pero con más inteligencia?"

Cambias tu préstamo actual por uno nuevo, normalmente porque buscas una mejor tasa, un pago más cómodo o una estructura más conveniente.

Es como actualizar tu teléfono: no siempre es necesario, pero cuando lo haces… la vida se vuelve mucho más cómoda.

Hay dos tipos principales de re financiamiento, y cada uno tiene su propia personalidad.

Refinanciamiento de tasa y plazo: el ordenado y responsable

Este tipo de refinanciamiento se trata de eficiencia.

No sacas dinero; simplemente mejoras lo que ya tienes. Tal vez tu tasa es alta. Tal vez el pago se siente apretado. Tal vez ya estás listo para eliminar el seguro hipotecario.

El refinanciamiento de tasa y plazo es la opción de "pongamos esto en orden".

Silencioso. Simple. Sorprendentemente efectivo.

Refinanciamiento con retiro de efectivo: cuando necesitas dinero para algo importante

Este re financiamiento te permite convertir parte de tu capital en dinero real.

La clave aquí es para algo importante: mejoras al hogar, pagar tarjetas con intereses altos, consolidar deudas, invertir en tu futuro. No es ideal para cosas como motos acuáticas, viajes improvisados o momentos de *"lo vi en TikTok y ahora lo necesito"*.

Es una herramienta poderosa… cuando se usa con intención.

Remodelar: una de las formas más rápidas de aumentar valor (y felicidad)

Si alguna vez has visto HGTV por más de cinco minutos, ya

lo sabes: una buena remodelación puede disparar el valor de tu casa.

Una cocina nueva suma atractivo. Un baño renovado suma confianza. Un piso actualizado da esa sensación de *"mi casa se siente mejor"*.

Las remodelaciones son excelentes cuando te enfocas en mejoras que agregan valor. Si tu tablero de inspiración incluye un acuario empotrado o una bodega medieval subterránea... hagamos una pausa y respiremos.

Remodela con estrategia, no con caos.

HELOC: la opción flexible (úsala con respeto)

Un HELOC es una línea de crédito con respaldo en tu casa.

Piénsalo como una tarjeta de crédito más inteligente, con mejores tasas y un propósito claro. No tienes que usarla - pero está ahí si la necesitas. Es ideal para reparaciones inesperadas, oportunidades bien pensadas o gastos importantes que aparecen de repente.

No es ideal para quienes gastan apenas ven dinero disponible. Úsala con criterio. Con respeto. Como un fondo de emergencia bien portado... con superpoderes.

¿Qué opción encaja mejor con tu vida?

Elegir entre refinanciar, usar un HELOC o remodelar depende de tus metas.

Pregúntate:

- ¿Quiero ahorrar dinero, acceder a dinero o aumentar valor?
- ¿Qué me agradecería mi *"yo" del futuro*?
- ¿Esto me acerca a la estabilidad financiera o me aleja de ella?

Si quieres ahorrar, el refinanciamiento de tasa y plazo es tu aliado.

Si necesitas usar dinero, el *cash-out* o el HELOC encajan mejor.

Si buscas aumentar valor, las remodelaciones suelen ser la mejor inversión.

No se trata de la opción más "elegante". Se trata de la más inteligente para tu vida.

El cambio de mentalidad

Tu casa no es solo un lugar donde vivir, es un motor financiero.

Crece en silencio. Construye riqueza sin hacer ruido. Te da opciones sin pedir atención constante.

Cuando aprendes a usar tu capital con intención, dejas de reaccionar a la vida y empiezas a diseñarla.

Tu casa es más que un techo. Es estabilidad, crecimiento y oportunidad, todo en un solo lugar.

* * *

CAPÍTULO 12

CAMBIOS, RETOS Y MOVIDAS HIPOTECARIAS

Cuando la vida cambia, tu hipoteca también puede cambiar.

La vida tiene un talento especial para sorprendernos en el peor momento.

Puedes tener un plan, un calendario, un presupuesto y hasta una hoja de cálculo con colores… y de pronto estás mirando tu estado de cuenta hipotecario pensando:

"Bueno… esto no venía en el folleto."

Pero aquí va la buena noticia:

Tu hipoteca puede ajustarse a tu vida tanto como tu vida se ajusta a tu hipoteca.

Tienes opciones, más de las que la mayoría imagina.

A veces esas opciones aparecen en silencio; un cambio de trabajo, una factura grande, una nueva dinámica familiar, y otras veces se aparecen sin avisar, como un niño pequeño con un marcador en la mano.

De cualquier forma, este capítulo existe para darte claridad, estabilidad y el humor justo para mantener la cordura mientras tomas decisiones inteligentes para tu vida financiera.

Cuando la vida se mueve, tu hipoteca también puede moverse

Muchas personas se dicen a sí mismas que están "atrapadas" con la hipoteca que firmaron. No es verdad. Las hipotecas no son tatuajes. Se parecen más a una relación a largo plazo: en general estables, a veces complicadas y, de vez en cuando, necesitadas de una conversación seria.

A medida que tu vida evoluciona, tu hipoteca a veces necesita evolucionar contigo.

Ya sea que estés ganando más, ganando menos, cambiando de carrera, ajustando la estructura de tu familia o simplemente convirtiéndote en una versión diferente de ti mismo…

Tu casa es parte de ese recorrido. No tienes que forzar tu vida para que encaje en tu préstamo.

Puedes ajustar tu préstamo para que encaje en tu vida.

Cuando los gastos grandes llegan sin avisar

Todos conocemos esos momentos. El aire acondicionado deja de funcionar en plena ola de calor. El techo decide, de repente, que ya no quiere colaborar. El auto necesita una reparación que cuesta más que el propio auto. O tu mascota se come algo que nunca debió haber estado en su boca y tienes que correr al veterinario y al gasto que eso significa (lo se por experiencia propia con mi perro)

Los gastos inesperados pueden sacudir tu presupuesto muy rápido, pero no tienen por qué sacudir tu estabilidad. Aquí es donde opciones como refinanciar, reestructurar o usar parte de tu capital a través de un HELOC pueden ayudarte a manejar la situación sin entrar en espiral de estrés.

Estas herramientas existen para momentos como estos: no para diversión, no para lujos, sino para cuando la vida... es vida.

Cuando un cambio de ingresos lo cambia todo

Ya sea que estés celebrando un aumento, enfrentando una pérdida de empleo, cambiando de carrera o entrando al impredecible mundo del trabajo independiente, cualquier cambio en los ingresos afecta cómo se sienten tus finanzas.

Un aumento abre posibilidades. Una pérdida trae miedo real. El trabajo independiente trae libertad... y papeleo que parece diseñado por un escriba medieval.

Sea cual sea tu situación hoy, no estás atado a las condiciones de tu hipoteca anterior.

Tal vez ajustes tu presupuesto. Tal vez refinancies. Tal vez simplemente hagas una pausa y dejes que la vida se asiente antes de mover ficha.

Lo importante es entender que tu hipoteca no es una estructura rígida, es lo suficientemente flexible para acompañarte en tu siguiente capítulo de vida.

Cuando las relaciones cambian la ecuación

Divorcios, separaciones y grandes cambios de relación vienen cargados de emociones. Y la parte financiera puede sentirse igual de pesada. Cuando hay una hipoteca de por medio, la carga puede aparecer rápido. Pero en la práctica, hay varios caminos posibles: refinanciar a nombre de una sola persona, vender y repartir el capital, o reestructurar de una forma que cree equilibrio y tranquilidad. Estas transiciones no son fáciles, pero tu hipoteca no tiene por qué sumar al caos.

Hay opciones prácticas y humanas, y no tienes que enfrentarlas solo.

Cuando la salud o la familia cambian las prioridades

Los temas médicos, las emergencias familiares y las responsabilidades de cuidado tienen una forma muy clara de reordenar prioridades de un día para otro. De repente, la hipoteca deja de ser el personaje principal, tu bienestar toma ese lugar.

En esos momentos, tu casa debería sostenerte, no abrumarte. Ajustar tu hipoteca, refinanciar para bajar pagos o acceder a tu capital no es un retroceso.

Es una estrategia. Una que te da espacio para respirar mientras la vida te pide atención en otro lugar.

Cuando simplemente necesitas empezar de nuevo

A veces no hay drama.

Solo honestidad. Ya no encajas en esa casa. Quieres otro vecindario. Estás listo para un estilo de vida diferente. Más luz, más calma, más espacio, menos espacio, más cerca, más lejos.

Lo que sea que conecte con tu siguiente etapa. Querer un nuevo comienzo no es impulsivo. Crecer no es una señal de alerta. Es una señal de que estás prestando atención a tu vida.

Cómo saber cuándo es momento de mover tu hipoteca

Aquí van las preguntas claves - integradas en tu día a día - que te ayudan a saber si algo necesita ajustarse:

- ¿Tu hipoteca apoya tu vida hoy, o sientes que siempre estás ajustando tu vida para sostener la hipoteca?

- ¿Estás estresado porque el pago es muy alto, o simplemente estás listo para algo que se sienta más alineado con tu futuro?

- ¿Cambiar tu préstamo aumentaría tu estabilidad financiera?

- ¿Tu tranquilidad?

- ¿O ambas?

Tus respuestas son la guía. Casi nunca son dramáticas. Suelen ser tranquilas, honestas y claras.

El cambio de mentalidad

Tu hipoteca no es una trampa. Y tú no estás "atrapado". Puedes ajustar. Puedes cambiar de rumbo. Puedes evolucionar. Puedes tomar decisiones financieras que protejan tu bienestar. Puedes elegir la opción que apoye tu vida hoy, no la que elegiste hace cinco años en circunstancias completamente distintas. Cuando aparecen los retos, no entras en pánico, piensas con estrategia. Cuando la vida cambia, revisas. Cuando ocurre algo inesperado, te adaptas. Eso no es inestabilidad. Es sabiduría.

Tu casa es parte de tu historia, y tú decides cómo se escribe el siguiente capítulo.

* * *

CAPÍTULO 13

INVERTIR EN BIENES RAÍCES Y PRÉSTAMOS DISEÑADOS PARA INVERSIONISTAS

Hablemos de inversión inmobiliaria: el tema que a algunos les emociona… y a otros les hace sudar de inmediato.

Aquí va la verdad:

Invertir no es solo para personas ricas. No es exclusivo de quienes tienen crédito perfecto, ahorros gigantes o un empleo con W-2 . La gente común invierte en bienes raíces todos los días. Y muchos empezaron exactamente donde estás tú ahora: con curiosidad, con dudas, un poco intimidados…pero muy listos para cambiar su futuro financiero.

Así que vamos a desmenuzar esto de forma simple, clara y de una manera que te haga sentir con poder, no abrumado.

Por qué la gente invierte en bienes raíces?

Las personas invierten por una (o varias) de estas razones:

- Flujo de efectivo mensual
- Apreciación a largo plazo
- Ventajas fiscales
- Crecimiento de capital
- Seguridad financiera
- Planificación para el retiro
- Riqueza generacional

¿Y lo mejor?

Los bienes raíces te permiten construir riqueza usando algo llamado apalancamiento, es decir, puedes usar el dinero del banco (no solo el tuyo) para comprar un activo que te paga.

Por eso los bienes raíces son uno de los caminos más rápidos hacia la riqueza para personas comunes.

✨ Tipos de inversión (edición Lily)

✔ Rentas a largo plazo

El clásico.

Un inquilino paga renta, tú construyes capital y riqueza con el tiempo.

Predecible y estable.

✔ Rentas a corto plazo (tipo Airbnb)

Mayor potencial de ingresos, mayor gestión. Funciona muy bien en los mercados correctos.

✓ Multifamiliares (2–4 unidades)

Mi opción favorita para inversionistas primerizos.

Vives en una unidad y rentas las otras → dejas que los inquilinos paguen tu hipoteca.

A esto se le llama house hacking, y es como muchas personas empiezan a invertir con poco enganche.

✓ Comprar, remodelar y vender (fix & flip)

Compras feo, arreglas bonito, vendes rápido.

Más riesgo, mayor recompensa.

No es para principiantes… a menos que te guste el estrés y pasar mucho tiempo en Home Depot.

Lo que la mayoría entiende mal

Muchas personas creen que no pueden invertir porque:

- sus declaraciones no muestran "suficiente" ingreso
- no tienen un empleo tradicional
- deducen gastos como dueños de negocio
- no se ven "perfectos" en papel
- su crédito no es impecable

Déjame decirte algo importante:

Existen programas de préstamo diseñados específicamente para ti.

Sí; para TI.

No para la versión perfecta de ti. No para una versión inventada.

Para el *tú* real.

Estos programas existen para ayudar a personas comunes a convertirse en inversionistas, aunque no califiquen a la manera "tradicional".

Bienvenido a la parte buena.

✨ Programas de préstamo para inversionistas (que casi nadie conoce)

Estos programas son la clave para hacer posible la inversión hoy en día.

Vamos a explicarlos con calma.

■ Préstamos DSCR (Debt Service Coverage Ratio)

El mejor amigo del inversionista.

Un préstamo DSCR no se enfoca en tus ingresos personales. Léelo otra vez. A los prestamistas DSCR les importa el ingreso de la propiedad, no el tuyo.

La regla es simple: si la renta cubre la hipoteca, el préstamo funciona. Así de claro.

Este programa es ideal para:

- Dueños de negocio

- Trabajadores independientes
- Personas que ganan por comisión
- Quienes reinvierten gran parte de sus ingresos
- Compradores con buen flujo de efectivo
- Personas construyendo un portafolio de rentas

Si una propiedad puede pagarse sola, a los prestamistas normalmente les parece perfecto.

DSCR te da libertad para invertir incluso si tu declaración de impuestos parece mostrar que el año pasado ganaste $4 y un sándwich

(hola, deducciones 😅).

⬜ Préstamos con estados de cuenta bancarios

La estrella del trabajador independiente.

Estos préstamos califican usando, lo adivinaste, tus estados de cuenta bancarios, no tus declaraciones de impuestos.

Este programa está pensado para:

- Emprendedores
- Pequeños empresarios
- Freelancers
- Trabajadores por proyectos
- Realtors

- Personas que ganan por comisión
- Cualquiera cuyo ingreso real no se refleja bien en papel

Los prestamistas revisan:

- 12 o 24 meses de depósitos
- Tu flujo de efectivo real
- La estabilidad de tu negocio

Esto es enorme para quienes deducen gastos y cuyas declaraciones no reflejan su verdadero poder de compra.

Si el dinero entra de forma constante, puedes calificar.

Por qué estos programas importan

Porque para muchas personas, estos dos programas son la diferencia entre:

"Algún día me gustaría invertir..." y *"Ya tengo una propiedad de inversión."*

La verdad es que la mayoría de los inversionistas no empiezan perfectos. Empiezan con inteligencia. Usan herramientas que encajan con su vida real, su ingreso real y sus metas reales.

Los préstamos DSCR y los préstamos con estados de cuenta son esas herramientas.

Cómo la gente real construye riqueza real

Este es el patrón que he visto una y otra vez:

Alguien compra una propiedad…luego usa DSCR para comprar otra. Luego otra más. Después refinancia una. Tal vez hace *house hacking* en un dúplex. Tal vez convierte una propiedad en renta a corto plazo. Y de pronto, con pasos pequeños y constantes, ha construido un portafolio.

No porque fuera rico. No porque tuviera crédito perfecto. No porque esperó a que todo fuera "ideal".

Sino porque dio el primer paso con el programa correcto.

La mentalidad que lo cambia todo

Invertir en bienes raíces no se trata de no tener miedo.

Se trata de estar informado.

Cuando entiendes:

- flujo de efectivo
- capital
- apreciación
- programas de préstamo creativos
- cómo piensan los prestamistas
- cómo funcionan los números

…deja de dar miedo y empieza a ser emocionante.

Y ahora tú sabes más de lo que la mayoría de las personas sabrá jamás.

¿Tu siguiente paso?

Elige la estrategia que encaje con tu vida y actúa — aunque sea con un paso pequeño.

Ese es el comienzo real.

* * *

CAPÍTULO 14

CUÁNDO VENDER, CUÁNDO QUEDARTE Y CÓMO DECIDIR SIN ARREPENTIMIENTOS

La decisión de vender tu casa no es como dejar de seguir a alguien en redes sociales, se parece más a decidir si sigues en una buena relación o si exploras qué más hay allá afuera.

Es emocional. Es práctica. A veces es un poco dramática.

Y muchas veces empieza contigo mirando tu casa y pensando:

"¿Soy yo… o eres tú?"

Este capítulo está aquí para darte la claridad necesaria para tomar la decisión con seguridad, sin culpa, sin pánico y sin ese pensamiento persistente de *"¿y si me equivoco?"*.

Porque cuando tomas la decisión con intención, nunca es la decisión equivocada.

Empieza por tu "por qué"

Antes de abrir Zillow o empezar a empacar cajas mentalmente, haz una pausa y pregúntate por qué estás pensando en mudarte.

¿Necesitas más espacio?

¿Menos espacio?

¿Un mejor trayecto al trabajo?

¿Un entorno distinto?

¿O simplemente sientes que la vida te está empujando hacia una nueva etapa?

A veces las razones son prácticas: una familia que crece, un nuevo empleo, un cambio de estilo de vida.

Y otras veces son más silenciosas: aburrimiento, inquietud o la sensación de que tu vida ya no cabe dentro de esas paredes.

Si la razón es emocional, no significa que sea inválida. Solo significa que vale la pena mirar más profundo.

Pregúntate:

¿Realmente necesito una casa nueva… o solo una nueva distribución, pintura fresca o un cambio de energía?

Te sorprendería saber cuántas personas vuelven a enamorarse de su casa después de ajustar solo algunas cosas.

Haz los números (aquí vive la honestidad)

Ahora sí, hablemos de dinero.

Porque incluso la mejor decisión emocional necesita claridad financiera.

Vender no es simplemente *"la pongo en venta y vemos qué pasa"*.

Hay costos reales: honorarios del realtor, costos de cierre, mudanza, reparaciones, preparación de la casa...todo se suma más rápido de lo que imaginas. Cuando restas lo que debes y el costo de vender, lo que queda es tu capital neto.

Ese número es el presupuesto de tu siguiente capítulo.

Si ese capital te permite mudarte a algo mejor, reducir deudas, alcanzar una meta financiera o ganar más estabilidad, vender puede tener todo el sentido del mundo.

Si ese número te deja limitado o frustrado, quedarte un poco más puede ser la decisión más inteligente, aunque no sea la más emocionante.

Piensa en tu estilo de vida; no solo en la casa

A veces la decisión no tiene nada que ver con la casa en sí. Tiene que ver con la vida que estás viviendo dentro de ella.

¿Tu casa sigue apoyando la vida que tienes hoy, no la que tenías cuando la compraste?

¿Te facilita el día a día, o te genera frustración constante?

¿Podrías hacer que se sienta nueva otra vez con una remodelación, un nuevo diseño o algunos cambios bien pensados?

Solemos subestimar cuánto influye nuestro entorno en nuestro estado de ánimo y nuestra mentalidad. Un espacio renovado puede sentirse como un capítulo nuevo sin mover una sola caja. Pero si llevas tiempo reorganizando todo para tratar de que la casa "funcione", esa es tu señal.

Las casas no tienen que ser perfectas, pero sí deberían encajar con tu vida, tu energía y la etapa que viene.

Reconoce cuándo mudarte es la decisión correcta

A veces la verdad es clara: ya superaste tu casa. Los espacios se sienten pequeños. El trayecto diario te desgasta. Las escaleras de repente se sienten poco amables. El jardín parece un trabajo de tiempo completo.

O tal vez estás listo para un cambio de estilo de vida: más terreno, menos mantenimiento, mejores escuelas, o una ubicación que encaje mejor con la persona en la que te estás convirtiendo.

Mudarte no es huir, es elegir lo que apoya tu vida hoy. Cuando tu entorno deja de alinearse con tus metas, crecer significa dar el siguiente paso.

Una dosis de realidad sobre el momento adecuado

El mercado siempre tiene opiniones:

"Es mercado de vendedores."

"Es mercado de compradores."

"Hay poco inventario."

"Las tasas están altas."

"Los precios suben."

"Los precios se estabilizan."

La verdad es esta: el mejor momento para mudarte es cuando tu vida se alinea con la oportunidad, no cuando los titulares dicen que todo es perfecto. El mercado siempre va a cambiar.

Pero tus necesidades, tus metas, tus finanzas y tu tranquilidad importan mucho más que el ciclo de noticias.

El cambio de mentalidad

Te quedes o te mudes, esta no es solo una decisión inmobiliaria, es una decisión de vida. Tu casa ha guardado tus recuerdos, ha acompañado tu crecimiento y te ha sostenido a través de distintas etapas. Y ya sea que ese capítulo continúe o se cierre, el siguiente paso siempre te llevará hacia adelante.

Vender o quedarte no se trata de tendencias. Se trata de verdad. La verdad de dónde estás hoy, en quién te estás convirtiendo y cómo quieres que se sienta tu vida.

Elijas el camino que elijas, hazlo con intención. Hazlo con claridad. Hazlo con confianza.

Tu casa es parte de tu recorrido, no el ancla que te detiene.

* * *

CAPÍTULO 15

TU MENTALIDAD HIPOTECARIA: CONFIANZA, CLARIDAD Y QUÉ SIGUE

Respira. Haz una pausa por un segundo.

Llegaste al final de este libro, y solo eso ya dice algo importante sobre ti.

No te limitaste a leer titulares ni a pasar rápido por el proceso. Te involucraste. Te tomaste el tiempo de entender las piezas, las decisiones, los números, las emociones y la estrategia detrás de uno de los momentos más importantes de tu vida.

¿Y ahora?

Estás del otro lado del laberinto hipotecario: más tranquilo, más consciente y muchísimo más preparado de lo que estabas cuando abriste el Capítulo 1.

Lo que realmente ganaste

Seamos claros; esto no fue solo un curso rápido sobre tasas de interés y cuentas de escrow. Aprendiste algo mucho más grande:

cómo tomar control de tu vida financiera con claridad, no con pánico.

Ahora entiendes cómo piensan los prestamistas y qué es lo que buscan. Sabes cómo prepararte, cómo proteger tus finanzas y cómo tomar decisiones que te empujan hacia adelante en lugar de frenarte. Aprendiste a construir riqueza paso a paso, de forma inteligente. Y aprendiste a ver tu casa, no como un punto final, sino como un trampolín.

Pero lo más importante: aprendiste a pensar con claridad en lugar de hacerlo desde el miedo.

Solo esa habilidad vale más que cualquier baja de tasas.

Poner en acción tu Mentalidad Hipotecaria

Cuando enfrentas ser propietario con la mentalidad correcta, todo se siente distinto.

Empiezas a hacer mejores preguntas. Haces pausas antes de reaccionar. Tomas decisiones en lugar de hacer suposiciones. Reconoces oportunidades donde antes solo veías obstáculos disfrazados de montañas imposibles.

Ya no eres la persona que buscaba en Google *"¿qué es exactamente un escrow?"* a las 11 de la noche.

Ahora eres alguien que puede explicarlo a otra persona, con

calma, con claridad y con seguridad. Eso no es solo crecimiento. Eso es dominio.

Con la mentalidad correcta no necesitas saberlo todo. Solo necesitas saber lo suficiente para tomar decisiones sólidas y bien informadas.

Y eso… ya lo tienes.

¿Qué sigue para ti?

Tus próximos pasos no tienen que ser dramáticos ni cambiar tu vida de un día para otro.

Solo necesitan ser intencionales.

Tal vez tu siguiente movimiento sea acelerar un poco el pago de tu hipoteca.

Tal vez sea comprar una propiedad de inversión y empezar a construir un portafolio.

Tal vez sea compartir lo que aprendiste con amigos o familiares para que no se pierdan en el proceso.

O tal vez, simplemente, sea disfrutar la tranquilidad que trae entender, por fin, cómo funciona todo esto.

Sea cual sea tu siguiente paso, no lo estás dando a ciegas. Lo haces con claridad.

Y la claridad es la herramienta financiera más poderosa que existe.

El momento de mentalidad

Ser propietario no es solo sobre dónde vives, es sobre cómo vives. Se trata de crear estabilidad, opciones y elección. De construir una base lo suficientemente fuerte para sostener tus sueños, tu familia, tus metas y cada versión de la vida que estás construyendo.

Y aquí va la verdad:

No solo compraste una casa.

Construiste una base.

Construiste confianza.

Construiste conocimiento.

Construiste impulso.

Y ahora puedes usar todo eso. Tu hipoteca ya no es algo que temes, evitas o dudas. Es algo que manejas con claridad.

Y la claridad es lo que construye legados. Tienes todo lo que necesitas. Siempre lo tuviste.

Ahora simplemente sabes cómo usarlo.

* * *

CAPÍTULO 16

LAS PREGUNTAS MÁS COMUNES AL COMPRAR CASA (RESPONDIDAS DE FORMA SIMPLE)

Te mereces respuestas claras, sin confusión, sin juicios y sin tener que buscar en Google a la una de la mañana.

Estas son las preguntas que más me hacen - respondidas de forma simple, directa y con cero energía de *robot hipotecario*.

1. ¿Qué pasa si cambio de trabajo durante el proceso?

Depende completamente del tipo de cambio.

- ✓ Mismo sector → normalmente no hay problema
- ✓ Salario a salario → bien
- ✓ Por hora a por hora → bien
- ⚠ Salario a comisión → hablemos antes

- ⚠️ Pausa laboral mayor a 90 días → depende, pero no es imposible

Regla de oro: pregunta antes de decir que sí al nuevo trabajo.

2. ¿Mi préstamo se cae si baja mi crédito antes del cierre?

Normalmente no - a menos que la baja sea significativa.

Así funciona:

- Usamos el puntaje del primer reporte de crédito
- Si baja un poco, muchas veces sigue siendo válido
- Si faltas a pagos o llevas tarjetas al límite… eso cambia el panorama

Regla práctica: mantén tu crédito tranquilo y aburrido hasta el cierre.

3. ¿Puedo comprar casa si tengo préstamos estudiantiles?

Sí.

Los préstamos estudiantiles NO te descalifican.

Simplemente contamos el pago mensual dentro de tu DTI.

- Si es basado en ingresos → usamos ese pago
- Si está diferido → se cuenta un monto pequeño

- Si es $0 → hay una fórmula, y suele ser manejable

No estás solo - la gran mayoría de los compradores tiene préstamos estudiantiles.

4. ¿Cuánto tiempo tarda realmente el underwriting?

Tiempo típico: entre 48 horas y una semana.

Se siente más largo porque estás estresado, no porque underwriting quiera hacerte sufrir. Ten tus documentos listos y responde rápido — eso acelera todo.

5. ¿Cuál es el error más grande que cometen los compradores?

Fácil: enamorarse de una casa antes de conocer sus números. Eso lleva a estrés, decepción y crisis existenciales innecesarias.

Preaprobación PRIMERO. Buscar casa DESPUÉS.

6. ¿Necesito 20% de entrada?

No.

No.

Y otra vez: NO.

Las hipotecas modernas permiten comprar con:

- 3%- 5% (Convencional)

• 3.5% (FHA)

• 0% (VA y USDA)

• Fondos de regalo

No dejes que reglas antiguas bloqueen tu futuro.

7. ¿Puedo comprar con horas extra, bonos o comisiones?

La mayoría de las veces, sí - siempre que sea ingreso consistente y documentado.

• Si varía → se promedia

• Si es nuevo → puede requerir más historial

Cada situación tiene solución. Pregunta desde el inicio.

8. ¿Debo pagar mis deudas antes de comprar casa?

Tal vez… o tal vez no.

Pagar deudas puede ayudar tu DTI, PERO:

• No vacíes tus ahorros

• No uses el dinero destinado a la compra

• No crees deuda nueva para pagar deuda vieja

Deja que tu prestamista haga los cálculos. A veces, conservar el efectivo es la mejor jugada.

9. ¿Cuál es el "mejor momento" para comprar casa?

El mejor momento es cuando:

- estás financieramente preparado
- el pago encaja en tu presupuesto
- encontraste una casa que funciona con tu estilo de vida

El *mercado perfecto* es un mito. Tu momento importa más que los titulares.

10. ¿Y si algo sale mal durante el proceso?

Se arregla. Así de simple.

Todos los archivos tienen obstáculos - literalmente todos.

La clave es preguntar, mantener la calma y tener un equipo que te respalde.

🧾 FAQ para compradores independientes (self-employed)

Sí; puedes comprar, incluso con deducciones y declaraciones "interesantes".

1. ¿De verdad necesito dos años de declaraciones?

Generalmente sí; pero no siempre.

En algunos casos podemos usar:

- 1 año de declaraciones
- estados de cuenta bancarios
- DSCR (si es inversión)
- documentación sólida de flujo de efectivo

Es caso por caso, pero muy posible.

2. ¿Y si mis declaraciones muestran poco ingreso por las deducciones?

Bienvenido al club. 😁

Por eso existen los préstamos con estados de cuenta.

En estos programas usamos:

- 12–24 meses de depósitos
- flujo de efectivo del negocio
- tu ingreso real (no el declarado)

Ventaja enorme para emprendedores.

3. ¿Tratan distinto a los compradores 1099 que a los W-2?

No peor - solo diferente.

Revisamos:

- consistencia
- estabilidad
- patrones de depósitos
- historial del negocio

Si el dinero entra y es estable, funciona.

4. ¿Necesito una LLC o S-Corp para comprar casa?

No.

Los trabajadores por cuenta propia califican todo el tiempo.

5. ¿Debo cambiar cómo hago mis impuestos si quiero comprar pronto?

No hagas cambios grandes sin hablar antes con tu prestamista.

A veces deducir menos ayuda. A veces perjudica. Esto se planea con estrategia.

🏠 FAQ para compradores por primera vez

La sección "háblame como si fuera nuevo".

1. ¿Y si no sé mi puntaje de crédito?

Lo revisamos por ti; sin pánico.

Y aunque sea más bajo de lo esperado, hay programas para eso.

2. ¿Cuánto dinero necesito realmente para comprar casa?

Mucho menos de lo que la gente cree.

Muchos compradores usan:

- 3% de enganche
- 3.5% de enganche
- fondos de regalo
- asistencia para el enganche (programas estatales o del condado)

No necesitas 20% a menos que quieras.

3. ¿Y si me da pena hacer preguntas "tontas"?

No existen preguntas tontas.

Las hipotecas confunden porque nadie enseña esto en la escuela. Pregunta todo. Pregunta dos veces. Pregunta diez veces.

Para eso estás aquí.

4. ¿Y si me enamoro de una casa fuera de mi rango?

Es normal, pasa mucho.

Piénsalo como salir con alguien increíble… pero que vive a tres horas de distancia. Podría funcionar, pero exige sacrificios.

Mantente en tu rango cómodo.

5. ¿Y si me entra miedo de último momento?

Totalmente normal.

Comprar casa cambia la vida. El miedo no significa que no estés listo - significa que te importa.

🏘 FAQ para inversionistas

1. ¿Necesito crédito excelente para invertir?

Mejor crédito = mejores tasas, sí.

Pero muchos programas DSCR aprueban desde **620–640+**.

2. ¿Cuánto enganche necesita un inversionista?

Generalmente entre **15% y 25%**, pero:

• DSCR

• préstamos con estados de cuenta

• multi familiares ocupados por el propietario …pueden reducir ese monto.

3. ¿Puedo usar la renta para calificar?

Sí - literalmente para eso existe DSCR.

Si la renta cubre la hipoteca, vas bien.

4. ¿Puedo comprar una renta como primera propiedad?

Sí, especialmente un dúplex, tríplex o fourplex.

Vives en una unidad → rentas las otras → construyes capital más rápido.

Eso es *house hacking*, y funciona.

5. ¿Cuánto tiempo debo esperar para comprar otra renta?

De inmediato - si los números lo permiten.

Invertir es matemáticas, estrategia y reglas del prestamista.

🌴 FAQ para compradores en Florida

Florida es un mundo aparte - literal y financieramente.

1. ¿Por qué los impuestos varían tanto aquí?

Porque:

- Florida no tiene impuesto estatal sobre ingresos
- los impuestos varían por condado
- el beneficio de vivienda principal ahorra mucho
- los impuestos se recalculan cuando compras

2. ¿Necesito seguro contra huracanes?

Si estás en zona de viento: sí.

Si estás en zona de inundación: también.

El seguro en Florida es… una experiencia. 😅

Un buen agente hace toda la diferencia.

3. ¿Por qué las cuotas de HOA son tan altas?

Porque incluyen:

- piscinas
- gimnasios
- jardinería
- reservas
- portones
- mantenimiento

• clima tropical

• y edificios que a veces son más viejos que tus padres

Servicios + clima = cuotas más altas.

4. ¿Debo preocuparme por evaluaciones especiales?

Debes estar informado - especialmente en condominios antiguos.

Pide a tu realtor:

• presupuesto del condominio

• reservas

• evaluaciones pendientes

• evaluaciones pasadas

Conocimiento = poder.

5. ¿Por qué todo el mundo habla de zonas de inundación?

Porque una zona mal clasificada puede duplicar tu seguro.

Siempre revisa los mapas antes de hacer una oferta.

* * *

CAPÍTULO 17

LOS 10 ERRORES MÁS COMUNES AL COMPRAR CASA Y CÓMO EVITARLOS

Casi todos los compradores cometen los mismos errores - no porque sean descuidados, sino porque nadie enseña esto de una forma que tenga sentido. Piensa en este capítulo como tu guía de "evita el drama".

Aprende estos errores → ahorra dinero, estrés y cordura.

❌ 1. Enamorarse de una casa antes de estar pre aprobado

El backsplash de la cocina te hizo sentir *algo*. Pero enamorarte demasiado pronto es el camino más rápido a la decepción.

Solución:

Preaprobación PRIMERO, para que tu corazón y tu presupuesto jueguen en el mismo equipo.

✗ 2. Comprar en el límite máximo del presupuesto

Que califiques para $450,000 no significa que quieras pagar la mensualidad de $450,000.

Solución:

Elige el número con el que quieres vivir - no el que apenas puedes sostener.

✗ 3. Abrir crédito nuevo durante el proceso

¿Carro nuevo? ¿Tarjeta nueva? ¿Muebles nuevos?

Felicidades - pero no durante underwriting.

Solución:

Mantén tu crédito tranquilo hasta que tengas las llaves en la mano.

✗ 4. No leer las reglas del HOA

Sí, la piscina está linda.

Pero el HOA puede no permitir:

- rentas
- mascotas
- camionetas
- ciertas remodelaciones

• estacionarte donde crees que puedes

Solución:

Lee las reglas antes de enamorarte.

✖ 5. No considerar los costos de cierre

Enganche ≠ costo total.

Solución:

Calcula, al menos, entre 2% y 5% del precio para costos de cierre, según tu mercado.

✖ 6. Ignorar los costos futuros (seguro e impuestos)

Tu hipoteca no es solo capital + interés.

También incluye impuestos, seguro y, en algunos casos, cuotas de HOA.

Solución:

Mira siempre el pago mensual total, no solo el precio de la casa.

✖ 7. Dejar que el miedo tome decisiones

El miedo hace que los compradores se bloqueen. O se conformen. O paguen de más.

Solución:

Saca la emoción de los números y los números de la emoción.

Usa ambos - se necesitan.

✕ 8. Saltarse la inspección

Sé que amas la casa. Pero los problemas ocultos no sienten amor.

Solución:

Haz siempre una inspección. Siempre. Incluso en construcción nueva.

✕ 9. Tener expectativas irreales

No existe la casa "perfecta". Existe la casa perfecta para tu vida hoy.

Solución:

Enfócate en estructura, vecindario y distribución - no en el color de la pintura.

✕ 10. Esperar el "momento perfecto del mercado"

Intentar adivinar el mercado es básicamente jugar a la lotería.

Solución:

El momento correcto para comprar es cuando tu vida se alinea con una casa y un pago con el que te sientes cómodo.

Evita estos errores y automáticamente estarás por delante del 80% de los compradores.

* * *

CAPÍTULO 18

GUÍA PRÁCTICA PARA COMPRADORES EMPLEADOS POR CUENTA PROPIA

Comprar casa cuando eres trabajador independiente se siente un poco como llegar a una fiesta donde todos tienen identificación con nombre… y tú estás explicando tres LLC, dos fuentes de ingreso y por qué tus "deducciones" no cuentan toda la historia.

Pero tranquilo; no estás solo.

Millones de compradores independientes son aprobados cada año, y tú también puedes ser uno de ellos. Solo necesitas claridad, preparación y un prestamista que entienda que ser tu propio jefe no te hace riesgoso - simplemente te hace diferente.

Vamos a desmenuzarlo al estilo Lily: claro, humano y sin sermón hipotecario.

Cómo ven los prestamistas el trabajo independiente

Esta es la parte que casi nadie explica:

A los prestamistas les gustan los emprendedores.

Solo necesitan entender tu ingreso - y el ingreso independiente requiere un poco más de interpretación.

Con un W-2, el ingreso es directo.

Si eres independiente, los prestamistas analizan:

- ingresos después de gastos
- estabilidad
- patrones fiscales
- si el negocio parece crecer… o solo sobrevivir

No es juicio. Es matemática; con un toque de curiosidad.

La verdad incómoda de las declaraciones

Esta es la parte más difícil para muchos compradores independientes:

Lo que declaras al IRS es lo que el prestamista usa.

Si deduces todo; la laptop, el millaje, el escritorio, el viaje a la conferencia, el planner y hasta el perro que "cuida la oficina en casa" - tu ingreso gravable baja.

Eso se siente excelente en temporada de impuestos, pero no tanto cuando quieres calificar para una hipoteca. Esto no significa que no debas deducir gastos. Significa que necesitas equilibrar el ahorro fiscal con tus planes de comprar casa.

Piensa inteligente, no extremo.

La consistencia manda

Los compradores independientes no necesitan números perfectos.

Necesitan números consistentes.

Los prestamistas quieren ver que tu ingreso es:

- estable
- creciente
- o, al menos, que no va en caída libre

Si los últimos dos años muestran estabilidad o crecimiento, vas por muy buen camino. ¿Un año bajó? No entres en pánico. Tal vez fue por temas de salud, licencia, COVID, cuidado familiar o un cambio estratégico en el negocio. Esas historias importan. Y un buen prestamista sabe explicarlas de forma clara y documentada.

Los estados de cuenta importan más de lo que crees

Cuando eres independiente, el prestamista no mira solo tus impuestos.

También revisa tus estados de cuenta para entender:

- cómo fluye el dinero en tu negocio
- cómo te pagas a ti mismo
- qué tan estables son los depósitos
- si el negocio es sólido detrás de escena

No te asustes. Piénsalo como ver la foto completa - no una versión recortada.

Tu negocio no tiene que verse "corporativo"

No necesitas una estructura complicada ni contabilidad perfecta para calificar.

Puedes ser:

- trabajador por cuenta propia
- contratista independiente
- freelancer 1099
- LLC
- un negocio de una sola persona
- o un emprendedor cuyo "oficina" es donde esté su laptop

Lo que importa es que tu ingreso se pueda verificar.

El éxito no tiene que verse corporativo.

Mitos comunes (vamos a aclararlos)

"Necesito dos años completos o estoy fuera."

No siempre. Algunos programas aceptan un año, según el caso.

"Las deducciones lo arruinan todo."

No. Solo bajan el ingreso calificable, lo que significa que conviene planear con intención.

"Los prestamistas no confían en independientes."

Falso. Les importan los números, no las etiquetas.

"Gano bien, pero no se refleja en impuestos."

Aún puedes comprar - solo puede que necesites un programa no tradicional.

Cuando lo tradicional no encaja: programas especiales

Si tus impuestos muestran poco ingreso por las deducciones (bienvenido al club), estos programas pueden funcionar mejor:

Préstamos con estados de cuenta

En lugar de impuestos, se usan depósitos bancarios para calcular ingresos.

Ideal para negocios con buen flujo y deducciones agresivas.

Préstamos solo con 1099

Perfectos para contratistas independientes con depósitos consistentes y documentados.

Préstamos DSCR (para inversionistas)

Si compras una propiedad de renta, el prestamista puede aprobarte según el flujo del inmueble, no tu ingreso personal. (Parece magia, pero es matemática bien aplicada).

Estos programas suelen tener tasas o enganches un poco más altos, pero ofrecen una flexibilidad que las hipotecas tradicionales no tienen.

Cómo prepararte como un profesional

Pasos clave para un proceso fluido y sin estrés:

- Asegúrate de que los últimos **12–24 meses** cuenten una historia estable
- Mantén estados de cuenta claros y ordenados
- Ten claro qué dedujiste y cómo impacta tu calificación
- Dale a tu prestamista la **imagen completa**, no piezas sueltas

El objetivo no es la perfección. Es la claridad.

El cambio de mentalidad

Ser independiente no te hace un comprador complicado. Te hace creativo.

Construiste tus ingresos a tu manera - y el prestamista solo necesita entenderlos.

Con la preparación correcta y el programa adecuado, puedes comprar casa con seguridad, con orgullo y sin sentir que tu emprendimiento es un problema.

No lo es. Es tu super poder. Solo necesitabas la guía.

Y mírate… ya la tienes.

* * *

CAPÍTULO 19

LA ÚLTIMA PÁGINA... Y EL PRÓXIMO COMIENZO

Llegaste al capítulo final — lo que significa que no solo estás informado... estás peligrosamente informado *(en el mejor sentido posible.)*

A estas alturas, entiendes el mundo hipotecario mejor que muchas personas que trabajan en él.

Y ahora toca lo más importante: llevar ese conocimiento a la vida real.

Este capítulo reúne las herramientas más útiles, los sitios que realmente valen la pena y los momentos en los que querrás volver y releer partes específicas de este libro. Sin relleno. Sin saturación.

Solo claridad y apoyo, justo cuando lo necesitas.

Herramientas que de verdad facilitan comprar casa

Hay miles de apps y calculadoras allá afuera, pero estas son las que sí valen tu tiempo - las que te ayudan a prepararte en lugar de confundirte.

Una buena calculadora de presupuesto

No la que te hace sentir culpable, sino la que te ayuda a entender qué puedes pagar cómodamente sin sacrificar tu paz mental… ni tus planes de brunch.

Una calculadora hipotecaria confiable

Algo simple que estime pagos, impuestos, seguro y el número real mensual que verás al final. No es glamorosa, pero es extremadamente útil.

Una app de monitoreo de crédito

Credit Karma, Experian, PrivacyGuard - cualquiera que te mantenga consciente de tu puntaje y evite sorpresas durante la preaprobación.

Una lista clara de documentos

Porque la forma más rápida de lograr una preaprobación fluida es tener todo listo antes de que alguien lo pida.

Una checklist de mudanza

Mudarse es caos organizado. Una lista ayuda a que al menos parte de ese caos esté bajo control - cajas incluidas.

Sitios web que vale la pena guardar

Piénsalos como tus recursos de "vida adulta, pero mejor pensada":

- **HUD**: subvenciones, asistencia para el enganche, información FHA
- **CFPB**: herramientas financieras confiables y explicaciones claras
- **El sitio web de tu condado**: impuestos a la propiedad, beneficio de vivienda principal, reglas locales
- **Zillow / Redfin / Realtor.com**: para buscar, investigar y soñar un poco

Estos sitios son para informarte, no para elegir prestamista.

Para eso… ya me tienes a mi, Lily. 😉

Cuándo volver a este libro

Este no es un libro de una sola lectura. Es un recurso.

Vuelve a él cuando:

- estés pensando en refinanciar
- recibas un aumento o cambies de trabajo
- explores propiedades de inversión
- quieras eliminar el seguro hipotecario
- necesites refrescar números rápidamente
- te sientas confundido sobre tu siguiente paso

Las respuestas no cambian; pero *tú* sí creces, y cada vez las entiendes desde un lugar distinto.

TU SIGUIENTE CAPÍTULO (SÍ, DEFINITIVAMENTE TIENES UNO)

Ya sea que estés comprando tu primera casa, subiendo de nivel, reduciendo espacio, invirtiendo, refinanciando o planeando un capítulo completamente nuevo…

Ya no estás adivinando.

Entiendes este proceso con claridad y confianza - una ventaja que la mayoría de las personas nunca llega a tener.

Has construido una mentalidad que combina conocimiento, estabilidad e intención.

Y cuando enfrentas la propiedad de vivienda desde ese lugar, no solo compras una propiedad…

Construyes una vida.

Una base.

Un futuro con opciones.

Tu casa no es la meta final - es el comienzo de estabilidad generacional, crecimiento financiero y una vida que diseñas a propósito.

¿Y este libro?

Es solo el punto de partida.

Estoy aquí, apoyándote; siempre. 🩶

* * *

GLOSARIO

TÉRMINOS HIPOTECARIOS, EN LENGUAJE HUMANO

Adjustable-Rate Mortgage (ARM)

(Hipoteca de tasa ajustable)

Un préstamo cuya tasa de interés puede cambiar después de un período inicial fijo.

Empieza con una tasa más baja y luego se ajusta.

Amortization

(Amortización)

La forma en que tu hipoteca se va pagando con el tiempo, combinando capital e intereses.

Amortization Schedule

(Tabla de amortización)

El desglose completo de cada pago que harás hasta que el préstamo quede totalmente pagado.

Annual Percentage Rate (APR)

(Tasa de Porcentaje Anual)

Tu tasa de interés más ciertos costos del prestamista, mostrados como un solo porcentaje.

Application Fee

(Cargo por solicitud)

Una tarifa que algunos prestamistas cobran para comenzar a procesar tu préstamo.

Appraisal

(Avalúo o Tasación)

La estimación profesional del valor de una propiedad.

Appraisal Gap

(Diferencia de avalúo)

La diferencia entre el precio acordado de compra y el valor que determina el avalúo.

Assets

(Activos)

Dinero, cuentas o bienes que posees y que demuestran estabilidad financiera.

Basis Points (bps)

(Puntos base)

Pequeños movimientos en la tasa.

Cien puntos base equivalen a un uno por ciento.

Bank Statement Loan

(Préstamo con estados de cuenta bancarios)

Un préstamo que utiliza estados de cuenta en lugar de declaraciones de impuestos para calcular ingresos.

Bridge Loan

(Préstamo puente)

Financiamiento a corto plazo que permite comprar una casa nueva antes de vender la actual.

Cash to Close

(Fondos para el cierre)

El monto total que necesitas llevar al cierre, incluyendo enganche y costos de cierre.

Closing Disclosure (CD)

(Divulgación de cierre)

Documento de cinco páginas que muestra los términos finales del préstamo, los costos y el pago mensual.

Clear to Close (CTC)

(Autorizado para cerrar)

La aprobación final de underwriting que confirma que todo está listo para el cierre.

Closing Costs

(Gastos de cierre)

Gastos necesarios para finalizar una hipoteca, como impuestos, seguros y honorarios.

Co-Borrower

(Co-prestatario)

Persona que solicita el préstamo contigo para ayudar a calificar.

Collections

(Deudas en colección)

Deudas vencidas que aparecen en tu crédito.

Se manejan mejor con la guía de tu prestamista.

Concessions

(Concesiones)

Dinero que el vendedor acepta aportar para cubrir parte de tus costos de cierre.

Conforming Loan

(Préstamo conforme a estándares federales)

Un préstamo que cumple con los requisitos de Fannie Mae y Freddie Mac.

Conventional Loan

(Préstamo convencional)

Hipoteca tradicional que no está respaldada por programas federales.

Credit Inquiry – Hard Pull

(Revisión formal de crédito)

Revisión completa del crédito que puede afectar temporalmente tu puntaje.

Credit Inquiry – Soft Pull

(Revisión informal de crédito)

Revisión de crédito que no afecta tu puntaje.

Credit Score

(Puntaje de crédito)

Número que refleja tu historial crediticio, normalmente entre 300 y 850.

Debt-to-Income Ratio (DTI)

(Relación deuda-ingreso)

Porcentaje de tus ingresos mensuales que se destina al pago de deudas.

Deed

(Título de propiedad)

Documento legal que prueba la propiedad de una vivienda.

Default

(Incumplimiento)

No realizar los pagos hipotecarios según lo acordado.

Down Payment

(Fondo de entrada)

El dinero que pagas por adelantado al comprar una casa.

Earnest Money Deposit (EMD)

(Depósito de buena fe)

Depósito que demuestra intención seria al hacer una oferta.

Equity

(Valor neto de tu propiedad)

El valor de tu casa menos lo que aún debes del préstamo.

Escrow Account

(Cuenta escrow / cuenta de custodia)

Cuenta que guarda fondos para impuestos y seguros.

FHA Loan

(Préstamo FHA)

Préstamo respaldado por el gobierno con requisitos flexibles y enganche mínimo del 3.5%.

Fixed-Rate Mortgage

(Hipoteca de interés fijo)

Hipoteca cuya tasa de interés no cambia durante la vida del préstamo.

HELOC

(Home Equity Line of Credit)

Línea de crédito basada en la equidad de tu casa.

Homeowners Association (HOA)

(Asociación de propietarios)

Entidad que administra reglas, áreas comunes y cuotas de la comunidad.

Homestead Exemption

(Beneficio de vivienda principal)

Reducción de impuestos a la propiedad para residencias principales.

Loan Estimate (LE)

(Estimado del préstamo)

Documento inicial que muestra costos y pagos estimados.

Loan Officer

(Oficial de préstamos)

El profesional que te guía durante todo el proceso hipotecario.

MIP — Prima del Seguro Hipotecario (FHA)

Cargo obligatorio en los préstamos FHA que protege al prestamista en caso de que el prestatario no pague el préstamo. El MIP incluye un cargo inicial al cierre y un cargo mensual que, en la mayoría de los casos, se paga durante toda la vida del préstamo si el comprador puso menos del 10% de enganche.

PMI — Seguro Hipotecario Privado (Convencional)

Es un cargo extra que pagas cuando compras con un préstamo convencional y das menos del 20% de enganche. Tampoco te protege a ti; protege al banco. La diferencia clave es que sí puede desaparecer. Cuando el valor de tu casa sube o tu saldo baja lo suficiente, el PMI se puede quitar y tu pago mensual baja.

Underwriting

(Evaluación final del préstamo)

Revisión detallada de tu información financiera para aprobar el préstamo.

VA Loan

(Préstamo VA)

Programa para veteranos y miembros activos de las fuerzas armadas, con grandes beneficios.

* * *

MINI GLOSARIO PARA INVERSIONISTAS

After Repair Value (ARV)

(Valor estimado después de los arreglos)

El valor estimado de una propiedad una vez terminadas las renovaciones.

Cap Rate

(Tasa de capitalización)

Una forma de medir el rendimiento de una propiedad, calculada dividiendo el ingreso neto anual entre el precio de compra.

Cash-on-Cash Return

(Retorno sobre el efectivo invertido)

El flujo de efectivo anual dividido entre el dinero en efectivo que invertiste.

Sirve para saber qué tan bien está trabajando tu dinero.

Depreciation

(Depreciación)

Un beneficio fiscal que te permite deducir el desgaste de la propiedad con el paso del tiempo.

DSCR (Debt Service Coverage Ratio)

(Relación de cobertura del servicio de la deuda)

El ingreso por renta dividido entre el pago mensual de la hipoteca. Si la renta cubre el pago, el número funciona.

Net Operating Income (NOI)

(Ingreso operativo neto)

El ingreso de la propiedad después de gastos, sin incluir el pago de la hipoteca.

Vacancy Rate

(Porcentaje de vacancia)

El porcentaje de tiempo que se espera que una propiedad de renta esté desocupada.

* * *

GLOSARIO PARA EMPLEADOS POR CUENTA PROPIA

1099 Income

(Ingresos 1099)

Compensación que recibes como contratista independiente, no como empleado W-2.

Profit and Loss Statement (P&L)

(Estado de pérdidas y ganancias)

Documento que resume los ingresos y gastos de un negocio durante un período específico.

Business Deposits

(Depósitos del negocio)

Depósitos utilizados para verificar ingresos en préstamos basados en estados de cuenta bancarios.

Expense Factor

(Porcentaje estimado de gastos)

Porcentaje que los prestamistas aplican para estimar los gastos del negocio cuando calculan ingresos calificables.

* * *

GLOSARIO DEL DÍA DE CIERRE

Final Walkthrough

(Recorrido final)

La última revisión de la casa antes del cierre, para confirmar que todo esté como se acordó.

Funding

(Desembolso del préstamo)

El momento en que el prestamista libera el dinero del préstamo.

Signing Appointment

(Firma final)

La reunión donde firmas toda la documentación final para completar la compra.

Recording

(Registro oficial)

El momento en que el condado te registra oficialmente como propietario de la vivienda.

* * *

NOTA FINAL DE LILY

Si estás leyendo esta última página, detente un momento y reconoce lo que acabas de lograr.

No solo terminaste un libro sobre hipotecas; te elegiste a ti.

Elegiste aprender algo que muchas personas evitan porque parece "muy difícil" o "demasiado confuso".

Te diste el tiempo de entender el dinero, la mentalidad y la compra de vivienda de una forma que te va a acompañar durante muchos años.

Ya sea que este libro te haya ayudado a dar tu primer paso o el paso número quince, me siento profundamente agradecida de haber sido parte de tu camino. Ayudar a las personas a encontrar confianza, claridad y tranquilidad en el proceso hipotecario es una de mis mayores alegrías; y tú eres la razón de ello.

Y si alguna vez necesitas guía, ánimo o simplemente que alguien vuelva a explicarte las cosas como una persona real… aquí estoy. Siempre apoyándote y siempre creyendo en ti.

Tu sueño, tu casa, tu futuro; tú puedes.

Con mucho cariño y orgullo,

Lily

* * *

PRÓXIMAMENTE

LAS MATEMÁTICAS DE TU HIPOTECA

Este es el libro donde las matemáticas hipotecarias dejan de dar miedo
y se convierten en tu nuevo truco en las fiestas.
¿Pagos? Pan comido.
¿Intereses? Facilísimo.
¿Números de rentas? Un chiste.
¿PMI? Por favor.

Estos números están a punto de portarse tan bien que vas a pensar que te están coqueteando.

Si *La Mentalidad Hipotecaria* te dio confianza,
The Mortgage Math te va a volver imparable;
y quizá un poco insufrible en el brunch…
(pero de una forma muy, muy impresionante)

SOBRE LA AUTORA

Lily Dominguez es una especialista en préstamos hipotecarios, bilingüe, inversionista en bienes raíces, educadora y eterna estudiante de la construcción de patrimonio a través de la vivienda. Con más de 25 años de experiencia, Lily no solo ha ayudado a otros a navegar el mundo hipotecario; lo ha vivido en carne propia, construyendo su propio portafolio inmobiliario propiedad por propiedad, lección por lección y estrategia por estrategia.

Hoy, Lily es conocida por su enfoque cálido y libre de juicios, y por su extraordinaria capacidad para explicar conceptos hipotecarios complejos en un lenguaje claro y humano. También es la creadora del método **Speaks Human™**, un marco de comunicación diseñado para simplificar el proceso hipotecario a través de claridad, empatía y confianza; el mismo enfoque que recorre cada página de este libro. Sus clientes suelen decir que con ella se sienten seguros, acompañados y comprendidos.

Se especializa en compradores por primera vez, trabajadores independientes e inversionistas inmobiliarios. Ya sea explicando préstamos DSCR, guiando a alguien en su primera preaprobación o ayudando a una familia a mudarse a la casa de sus sueños, Lily aporta a cada conversación la misma combinación de profesionalismo, empatía y esa energía de *"ok, vamos a hacerlo simple"*.

Cuando no está acompañando a sus clientes hasta el día de cierre, puedes encontrarla en la cancha de tenis perfeccionando su revés y su izquierda, en la cocina experimentando con gelato de chocolate y avellana, risotto de hongos silvestres o delicadas rosas de manzana, relajándose en la playa o explorando nuevas ciudades.

Vive en Florida y continúa acompañando a compradores, inversionistas y soñadores ; una conversación, un cambio de mentalidad y una hipoteca a la vez.

* * *

Solo con fines educativos; no constituye una decisión ni una oferta de crédito.

Los programas hipotecarios, las tasas y las guías de evaluación están sujetos a cambios sin previo aviso y pueden variar según el prestamista y las calificaciones del solicitante.

La información contenida en este libro se proporciona únicamente con fines educativos y no constituye asesoría financiera, legal ni fiscal.

Consulta con un profesional hipotecario debidamente autorizado para recibir recomendaciones personalizadas.

ACERCA DE LILY D PUBLISHING

Lily D Publishing es un estudio editorial independiente dedicado a crear y apoyar libros claros, accesibles y bellamente producidos.

Comenzamos con un enfoque en hipotecas, propiedad de vivienda y educación financiera; ayudando a las personas a entender temas complejos sin abrumarse; y hemos crecido hasta convertirnos en una marca editorial de servicio completo que publica títulos originales y apoya a autores independientes en una amplia variedad de temas.

Descubre libros, recursos y servicios de publicación en

www.LilyDPublishing.com

www.ingramcontent.com/pod-product-compliance
Lightning Source LLC
LaVergne TN
LVHW100732061126
851857LV00011B/497